U0626109

思想者指南系列丛书（

THINKER'S GUIDE LIBI

思辨阅读与写作测评

（第2版）

THE INTERNATIONAL CRITICAL THINKING READING AND WRITING TEST

2ND EDITION

（美）Richard Paul （美）Linda Elder / 著

王素娥 / 译　王晓红 / 审校

外语教学与研究出版社
FOREIGN LANGUAGE TEACHING AND RESEARCH PRESS
北京 BEIJING

京权图字：01-2019-3655

Original copyright © Foundation for Critical Thinking, 2006
Chinese translation copyright © Foreign Language Teaching and Research Publishing
Co., Ltd, 2019

图书在版编目 (CIP) 数据

思辨阅读与写作测评：第 2 版 ／（美）理查德·保罗（Richard Paul），
（美）琳达·埃尔德（Linda Elder）著；王素娥译. —— 北京：外语教学与
研究出版社，2021.2（2023.6 重印）
（思想者指南系列丛书：中文版）
ISBN 978-7-5213-2384-9

I. ①思… II. ①理… ②琳… ③王… III. ①英语－阅读教学－教学研究
②英语－写作－教学研究 IV. ①H319.37②H319.36

中国版本图书馆 CIP 数据核字 (2021) 第 034881 号

出 版 人　王　芳
项目负责　刘小萌
责任编辑　万健玲
责任校对　曹　妮
封面设计　孙莉明　彩奇风
版式设计　涂　俐
出版发行　外语教学与研究出版社
社　　址　北京市西三环北路 19 号（100089）
网　　址　https://www.fltrp.com
印　　刷　北京虎彩文化传播有限公司
开　　本　850×1168　1/32
印　　张　2.5
版　　次　2021 年 3 月第 1 版 2023 年 6 月第 5 次印刷
书　　号　ISBN 978-7-5213-2384-9
定　　价　15.90 元

如有图书采购需求，图书内容或印刷装订等问题，侵权、盗版书籍等线索，请拨打以下电话或
关注官方服务号。
客服电话：400 898 7008
官方服务号：微信搜索并关注公众号"外研社官方服务号"
外研社购书网址：https://fltrp.tmall.com

物料号：323840001

思辨能力，或称批判性思维，由两个维度组成：在情感态度维度包括勤学好问、相信理性、尊重事实、谨慎判断、公正评价、敏于探究、持之以恒地追求真理等一系列思维品质或心理倾向；在认知维度包括对证据、概念、方法、标准、背景等要素进行阐述、分析、评价、推理与解释等一系列技能。

思辨能力的重要性是不言而喻的。两千多年前的中国古代典籍《礼记·中庸》曰："博学之，审问之，慎思之，明辨之，笃行之。"古希腊哲人苏格拉底说："未经审视的人生不值得一过。"可以说，文明的诞生正是人类自觉运用思辨能力，不断适应并改造自然环境的结果。游牧时代、农业时代以及现代早期，人类思辨能力虽然并不完善，也远未普及，但通过科学技术以及人文知识的不断积累创新，已经显示出不可抑制的巨大能量，推动了人类文明阔步前进。那么，进入信息时代、知识经济时代和全球化时代，思辨能力对于人类文明整体可持续发展以及对于每一个个体的生存和发展，其重要性更将史无前例地彰显。

我们已进入一个加速变化、普遍联系和日益复杂的时代。随着交通技术和信息技术日新月异的发展，不同国家和文化空前紧密地联系在一起。这在促进合作的同时，也导致了更多的冲突；人类所掌握的技术力量与日俱增，在不断提高物质生活质量的同时，也极大地破坏了我们赖以生存的自然环境；工业化、城市化和信息化程度的不断提高，全方位扩大了人的自由空间，同时却削弱了维系社会秩序和稳定的价值体系与行为准则。这一切变化对人类的思辨能力和应变能力都提出了前所未有的要求。正如本套丛书作者之一理查德·保罗（Richard Paul）在其所创办的批判性思维中心（Center for Critical Thinking）的"使命"中所指出的，"我们身处其中的这个世界要求我们不断重新学习，习惯性重新思考我们的决定，周期性重新评价我们的工作和生活方式。简言之，我们面临一个全新的世界，在这个新世界，大脑掌控自己并经常进行自我分析的能力将日益决定我们工作的质量、生活的质量乃至我们的生存本身。"

序言

遗憾的是，面临时代巨变对人类思辨能力提出的新挑战，我们的教育和社会都尚未作好充分准备。从小学到大学，在很大程度上我们的教育依然围绕知识的搬运而展开，学校周而复始的考试不断强化学生对标准答案的追求而不是对问题复杂性和探索过程的关注，全社会也尚未形成鼓励独立思辨与开拓创新的氛围。

我们知道，人类大脑并不具备天然遗传的思辨能力。事实上，在自然状态下，人们往往倾向于以自我为中心或随波逐流，容易被偏见左右，固守成见，急于判断，为利益或情感所左右。因此，思辨能力需要通过后天的学习和训练得以提高，思辨能力培养也因此应该成为教育的不懈使命。

哈佛大学以培养学生"乐于发现和思辨"为根本追求；剑桥大学也把"鼓励怀疑精神"奉为宗旨。美国学者彼得·法乔恩（Peter Facione）一言以蔽之："教育，不折不扣，就是学会思考。"

和任何其他技能的学习一样，学会思考也是有规律可循的。

首先，学习者应该了解思辨的基本特点和理论框架。根据理查德·保罗和琳达·埃尔德（Linda Elder）的研究，所有的推理都有一个目的，都试图澄清或解决问题，都基于假设，都从某一视角展开，都基于数据、信息和证据，都通过概念和观念进行表达，都通过推理或阐释得出结论并对数据赋予意义，都会产生影响或后果。分析一个推理或论述的质量或有效性，意味着按照思辨的标准进行检验，这个标准包括清晰性、准确性、精确性、相关性、深刻性、宽广性、逻辑性、公正性、重要性、完整性等维度。一个拥有思辨能力的人具备八大品质，包括诚实、谦虚、相信理性、坚忍不拔、公正、勇气、同理心、独立思考。

其次，学习者应该掌握具体的思辨方法。如：如何阐释和理解文本信息与观点？如何解析文本结构？如何评价论述的有效性？如何把已有理论和方法运用于新的场景？如何收集和鉴别信息和证据？如何论证说理？如何识别逻辑谬误？如何提问？如何对自己的思维进行反思和矫正？等等，等等。

最后，思辨能力的提高必须经过系统的训练。思辨能力的发展是一个从低级思维向高级思维发展的过程，必须运用思辨的标准一以贯之地训练思辨的各要素，在各门课程的学习中练习思辨，在实际工作中使用思辨，在日常生活中体验思辨，最终使良好的思维习惯成为第二本能。

"思想者指南系列丛书"旨在为教师教授思辨方法、学生学习思辨技能和社会大众提高思辨能力提供最为简明和最为实用的操作指南。该套丛书直接从西方最具影响力的思辨能力研究和培训机构——批判性思维基金会（Foundation for Critical Thinking）原版引进，共 21 册，包括"基础篇"：《批判性思维术语手册》《批判性思维概念与方法手册》《大脑的奥秘》《批判性思维与创造性思维》《什么是批判性思维》《什么是分析性思维》；"大众篇"：《识别逻辑谬误》《思维的标准》《如何提问》《像苏格拉底一样提问》《什么是伦理推理》《什么是工科推理》《什么是科学思维》；"教学篇"：《透视教育时尚》《思辨能力评价标准》《思辨阅读与写作测评》《如何促进主动学习与合作学习》《如何提升学生的学习能力》《如何通过思辨学好一门学科》《如何进行思辨性阅读》《如何进行思辨性写作》。

由理查德·保罗和琳达·埃尔德两位思辨能力研究领域的全球顶级大师领衔研发的"思想者指南系列丛书"享誉北美乃至全球，销售数百万册，被美国中小学、高等学校乃至公司和政府部门普遍用于教学、培训和人才选拔。该套丛书具有如下特点：其一，语言简洁明快，具有一般英文水平的读者都能阅读。其二，内容生动易懂，运用大量的具体例子解释思辨的理论和方法。其三，针对性和操作性极强，教师可以从"教学篇"子系列中获取指导教学改革的思辨教学策略与方法，学生也可从"教学篇"子系列中找到提高不同学科学习能力的思辨技巧；一般社会人士可以通过"大众篇"子系列掌握思辨的通用技巧，提高在社会场景中分析问题和解决问题的能力；各类读者都可以通过"基础篇"子系列掌握思维的基本规律和思辨的基本理论。

可见，"思想者指南系列丛书"对于各类读者提高思辨能力均大有裨益。为了让该套丛书惠及更多读者，外研社适时推出其中文版，可喜可贺。

总之，思辨能力的高下将决定一个人学业的优劣、事业的成败乃至一个民族的兴衰。在此意义上，我向全国中小学教师、高等学校教师和学生以及社会大众郑重推荐"思想者指南系列丛书"。相信该套丛书的普及阅读和学习运用，必将有利于促进教育改革，提高人才培养质量，提升大众思辨能力，为创新型国家建设和社会文明进步作出深远的贡献。

孙有中
2019 年 6 月于北京外国语大学

目录

理论导读 ·· / 01

阅读、写作及受过教育的人 ··························· / 01

阅读与写作的关系 ······································· / 02

测评的目的 ··· / 03

思辨性阅读不可或缺的认知技巧 ··················· / 04

思辨性写作不可或缺的认知技巧 ··················· / 05

思辨性阅读与写作的五个层级 ······················ / 06

测评形式 ·· / 11

参考答案 ·· / 11

建立自己的测评题库 ···································· / 11

评分说明 ·· / 12

选择整体评分法还是单个评分法 ··················· / 12

确保评分的可靠性 ······································· / 13

结果效度 ·· / 14

在教学前或教学后使用该测评（或在教学前后都使用） ······ / 14

测试卷 ·· / 15

测试卷一 * ：名言释义 ································· / 15

《独立宣言》 ·· / 16

测试卷一：文本逐句释义 ···························· / 16

测试卷二：文本主题阐释 ···························· / 19

测试卷三：文本逻辑分析 ···························· / 20

测试卷四：文本逻辑评估 ···························· / 21

测试卷五：角色扮演 ···································· / 22

《论公民的不服从》 ···································· / 23

测试卷一：文本逐句释义 ···························· / 23

测试卷二：文本主题阐释 ···························· / 26

测试卷三：文本逻辑分析 …………………………… / 27

测试卷四：文本逻辑评估 …………………………… / 28

测试卷五：角色扮演 …………………………………… / 29

《爱的艺术》 ……………………………………………… / 30

测试卷一：文本逐句释义 …………………………… / 30

测试卷二：文本主题阐释 …………………………… / 34

测试卷三：文本逻辑分析 …………………………… / 35

测试卷四：文本逻辑评估 …………………………… / 36

测试卷五：角色扮演 …………………………………… / 37

测试卷三 *：阐释任一科目或学科的逻辑 …………… / 38

参考答案 ……………………………………………………… / 39

测试卷一 *：名言释义 ……………………………… / 39

《独立宣言》 …………………………………………… / 41

测试卷一：文本逐句释义 …………………………… / 41

测试卷二：文本主题阐释 …………………………… / 44

测试卷三：文本逻辑分析 …………………………… / 45

测试卷四：文本逻辑评估 …………………………… / 46

《论公民的不服从》 ……………………………………… / 47

测试卷一：文本逐句释义 …………………………… / 47

测试卷二：文本主题阐释 …………………………… / 50

测试卷三：文本逻辑分析 …………………………… / 52

测试卷四：文本逻辑评估 …………………………… / 55

《爱的艺术》 …………………………………………… / 57

测试卷一：文本逐句释义 …………………………… / 57

测试卷二：文本主题阐释 …………………………… / 60

测试卷三：文本逻辑分析 …………………………… / 61

测试卷四：文本逻辑评估 …………………………… / 64

测试卷三 *：阐释任一科目或学科的逻辑 …………… / 66

生态学的逻辑 ………………………………………… / 66

经济学的逻辑 ………………………………………… / 68

附录 …………………………………………………………… / 70

节选、文章、论文或章节的逻辑 ……………………… / 70

理论导读

《思辨阅读与写作测评》评估的是学生通过读写获取知识的能力。若要充分认识测评的重要性，首先需要了解阅读、写作和学习之间的相互关系。

阅读、写作及受过教育的人

受过良好教育的人会定期进行思辨性阅读与写作，目的是学习新观念，加深对观念的理解以及纠正概念性错误。

思辨性阅读指对所读文本的思想进行精确建构。这需要学生在自己的脑海中建构作者的思想，如果理解正确，作者在听到总结时会说："太棒了，你所理解的恰恰就是我想说的!"

受过教育的人知道，很多重要的思想和远见卓识只有在书中才能找到。他们也知道思辨性阅读（能够精准、确切地说出文本的内容）和蜻蜓点水式阅读（只能对书中的内容进行模糊复述，而且经常是错误的）之间的重大差别。

思辨性写作指就值得写的事情写一些值得写的内容。这就需要学生具有识别重要观念的能力，并借助写作清晰、准确地解释这些观念的主要内涵。

受过教育的人了解仅是行文流畅（但所说内容不值一提）和思辨性写作（所说内容很重要）之间的区别。换句话说，他们知道"风格"和"内容"之间的区别。

要想进行有技巧、有深度的阅读和写作，学生需要：

1. 了解如何进行良好的阅读和写作。换句话说，他们需要了解思辨性阅读与写作背后的理论，意识到思辨性阅读与写作背后的理论概念是相互联系的，以及两者如何相互联系。

2. 就思辨性阅读与写作进行练习。要想熟练地进行阅读和写作，他们需要长期每天坚持进行阅读和写作练习。为了达到深度学习，他们必须养成阅读和写作的习惯。通过这种练习，他们可以学会如何学习。习得的技巧使他们可以终其一生持续不断地学习。

阅读与写作的关系

良好的阅读和良好的写作关系密切。阅读中存在问题都会导致写作出现相应问题；写作出现问题都意味着阅读存在相应问题。

例如，如果学生无法辨别清晰的写作与不清晰的写作，他们的阅读就可能存在问题。例如，他们会把含混不清的概念当成清晰的概念。他们认为自己懂了，其实没有。假设学生读到这个句子："民主是人民统治的一种政府形式。"具有思辨性阅读技巧的学生会认识到，他们需要首先回答"'人民'到底是谁?"以及"'统治'这个词到底代表什么?"这两个问题，才能真正了解这句话的含义。换句话说，他们明白，明确"人民"和"统治"这两个词的意思非常重要。他们明白，理解这些概念对理解整句话的意思非常重要。

同理，如果学生不能发现所读文本中重要的含混不清、模棱两可的地方，写作时他们就很难形成重要的概念。事实上，要想进行思辨性写作，学生必须能够把文本中的概念迁移到自己的思想中，并用清晰的文体风格有逻辑地安排这些概念。

在肤浅、非思辨性的阅读中，学生会很快忘记且常常曲解他们所读的内容。在肤浅、非思辨性的写作中，学生常常会对文本内容作出不正确的阐释。肤浅的写作不能帮助学生真正掌握所写内容的实质。相反，他们会得到一种知识假象，会形成各种形式的误解。

因此，思辨性阅读与写作是思维训练中相互关联的技能。这两者都需要我们从多个角度去思考，都需要我们用好推理要素[1]。换句话说，两者都需要运用认知能力来：

---

[1] 关于推理要素的详细论述，参见《什么是分析性思维》，琳达·埃尔德和理查德·保罗著，丁怡萌和夏登山译，（北京：外语教学与研究出版社，2020年）。

1. 阐明目的：（阅读时）作者的目的以及（写作时）我们自己的目的。

2. 形成清晰的问题：（阅读时）作者提出的问题以及（写作时）我们探究的问题。

3. 区分准确、相关的信息与不准确、无关的信息：在阅读文本和自己准备写作时都要这样。

4. 得出逻辑推论或结论：依据所读内容作出推论，并在准备写作的过程中作出推论。

5. 识别重要、深层的概念：包括作者提出的概念和写作中用以指导我们写作思维的概念。

6. 辨识有道理的假设和无道理的假设：包括作者用到的假设，以及我们在写作时脑海中出现的假设。

7. 思考逻辑影响：包括作者思维带来的逻辑影响，以及我们写作引发的逻辑影响。

8. 识别多种视角，并基于多种视角思考：包括作者呈现的视角（或者作者未能呈现的相关视角）以及与我们写作的议题相关的视角（及其他需要考虑的视角）。

这几个例子可以帮助我们了解思辨性阅读与写作之间的密切关系，以及思维训练和思辨性阅读与写作之间的重要关系。在培养思辨性阅读与写作能力的过程中，学生会逐步认识到思辨性阅读与写作在很多方面都是相互关联的。

测评的目的

测评的目的是评估学生进行严谨的批判性思考的能力。如果使用恰当，其结果可以帮助判断学生在多大程度上习得或者没有习得基础思辨、阅读和写作的技巧。

思辨性阅读不可或缺的认知技巧[2]

要想在任何领域或学科内有所思考，学生必须能够深入理解他们所读的内容。思辨性阅读需要满足以下能力标准。

批判性思维原则

受过教育的人能够对文本进行批判性阅读，并通过这一过程掌握文本中最重要的思想。他们也明白阅读对学习的重要性。

具有批判性思维的表现

具有批判性思维的学生经常阅读有意义的文本，从而拓展自己的世界观。阅读时，他们一贯力求在自己的脑海中准确地再现所读文本的内容。他们明白每个文本都有其写作目的，因此在阅读时会思考所读文本的目的。他们知道思辨性阅读需要读者主动参与其中，所以在阅读时，他们会通过提问、总结和联系不同重要思想的方式与文本对话。

结果

1. 学生边阅读边进行反思。
2. 学生在阅读时对阅读方式进行自我监控，找出所读文本中理解和不理解的部分。
3. 学生在阅读时（用自己的话）准确地总结和阐述文本。
4. 学生根据自己的经历针对文本中的思想进行举例。
5. 学生将文本中的核心思想与所掌握的其他核心思想联系起来。
6. 学生通过阅读获得核心思想，并将其应用到生活中。
7. 学生准确地（逐句）对所读文本进行释义。
8. 学生准确地、有逻辑地阐释段落主题：
   - 第一，用一两句话陈述段落的中心思想；
   - 第二，进一步详细阐释（"换句话说……"）；

---

2 要想更深入地理解这些技巧，参见"思想者指南系列丛书"分册《如何进行思辨性阅读》，理查德·保罗和琳达·埃尔德著，王素娥译，（北京：外语教学与研究出版社，2019 年）。

- 第三，结合现实生活中的具体情形举例子（"例如……"）；
- 第四，使用比喻、类比、图片或图表形式表述段落主题（并将其与他们已经掌握的其他含义建立联系）。

9. 学生分析所读文本的逻辑（目的、主要问题、包含的信息、主要思想……）。

10. 学生评估所读文本（清晰性、准确性、精确性、相关性、深刻性、宽广性、逻辑性、重要性等）。

11. 学生通过角色扮演准确地表达文本中作者的观点。

思辨性写作不可或缺的认知技巧[3]

下面讲解思辨性写作所需的认知技巧。

批判性思维原则

受过教育的人会写一些有实质内容的东西。他们也明白写作对学习的重要性。

具有批判性思维的表现

具有批判性思维的学生把写作当作交流思想和学习的重要工具。他们通过写作加深对重要概念的理解，澄清概念之间的关系。他们坚持写作，以使其思想越来越具有清晰性、准确性、精确性、相关性、深刻性、宽广性、逻辑性、重要性。写作时，他们能够清楚、准确地分析和评估所读文本和自己脑海中的观点。他们在写作中学习，同时也不断学习写作。换句话说，他们把写作当作深入、永久学习的重要工具。

结果

1. 学生边写作边进行反思。
2. 学生在写作时对写作方式进行自我监控，找出文本中理解和不理解

3　要想更深入地理解这些技巧，参见"思想者指南系列丛书"分册《如何进行思辨性写作》，理查德·保罗和琳达·埃尔德著（北京：外语教学与研究出版社，2016 年）。

的部分。

3. 学生（用自己的话）准确地总结读过的文本或听到的观点。

4. 学生经常在写作中根据自己的经历举例子（解释重要的观点）。

5. 学生在写作时将文本的核心思想与其他核心思想相联系。

6. 学生围绕某些观点进行写作，并将这些观点与生活联系起来。

7. 在形成或捍卫某一论点时，学生展示出通过写作详细阐释论点的能力。他们能够：

   • 陈述自己的主要观点；

   • 详细阐述主要观点；

   • 举例子解释；

   • 通过类比、比喻帮助读者理解。

8. 在写作中，学生能够清楚、精确地分析文本、章节、学术课题、重要概念等的逻辑（目的、主要问题、包含的信息、主要思想……）。

9. 学生在写作中应用普遍认知标准，经常检查写作是否具有清晰性、准确性、精确性、相关性、深刻性、宽广性、逻辑性、重要性和公正性。

思辨性阅读与写作的五个层级

思辨性阅读与写作至少有五个层级。本书的测评目的就是确定测试者在这五个层级上的阅读和写作能力。

第一层级——释义

阅读能力的第一层级是准确地把作者的措辞转换成自己的措辞。换句话说，就是用自己的话语表述作者的话语和思想。只有捕捉到原文的本质含义，让别人看得懂原文的意思，才是成功的解读。

因此，如果读到下面这个句子："民主就是人民的统治。"我们的释义可能是："只有在大多数民众拥有平等政治权力的广泛基础上，民主才会存在。也就是说，一个国家的所有人都拥有相对平等的权力，并且在制定法律时拥有平等的参与权。其隐含义是，如果一个国家富有或位高权重的少数人比其他人拥有更多的政治权力，那么这个国家就不是民主国家。"这一解读揭示了原文的含义，因为它考虑了评估一个国家的民主程度时可能存在的问题。例如，"它是否限制富人的影响，使他们不能利用财富对政府决策形成过度影响？"

第二层级——阐释

在这一层级，我们评估测试者陈述、解释、举例以及说明段落主题的能力。可以使用以下四个问题评估写作是否清晰：

1. 你能用一句话陈述自己的主要观点吗？
2. 你能（用其他的话）详细解释你的主要观点吗？
3. 你能举例说明主要观点吗？
4. 你能通过类比或比喻更清晰地阐述观点吗？

以下所有阐释策略均需要思辨性写作技能。

阐释策略

- 能够用一句话清楚地陈述主题。如果无法根据自己的理解准确地用一句话陈述主要观点，那就说明我们并不知道自己想说什么。
- 能够用更多细节解释主题句。如果不能详细解释主要观点，说明我们没有把它与其他已经理解的概念联系起来。
- 能够举例解释。如果不能结合现实生活中的具体情形举例，说明我们的理解仍然很抽象，而且在某种程度上模糊不清。
- 能够使用比喻、类比、图片、图表或绘图说明观点。如果不能用比喻、类比、图片或图表表达观点，那就说明我们还不能将其他领域的知识和经验与我们理解的内容联系起来。

第三层级——分析

该层级评估学生辨识以下各项思维要素的能力：

- 作者的写作目的。
- 文本最重要的问题、难题或议题。
- 文本最重要的信息或数据。

- 文本最基本的结论。
- 文本最基本的概念、理论或观念。
- 文本最基本的假设。
- 文本最重要的影响。
- 作者的视角。

第四层级——评估

该层级评估学生使用普遍认知标准对文本进行评价或评估的能力。

第五层级——角色扮演

该层级评估学生扮演作者的角色、表述其思想的能力。

下表是以上五个层级的总结，用以指导学生进行测评。

第一层级：释义
逐句对文本进行释义
1. 阅读时，用自己的话陈述所读的每句话的意思。

第二层级：阐释
段落主题的详细阐释
1. 用一两句话陈述段落的中心思想。
2. 进一步详细阐释（"换句话说……"）。
3. 结合现实世界中的具体情形举例子（"例如……"）。
4. 使用比喻、类比、图片或图表形式表述段落主题，并将其与自己已经掌握的其他含义建立联系。

第三层级：分析
分析文本的逻辑
不论何时，阅读都是在读作者推理的成果，因此，我们可以运用对推理／思维的要素的理解，把阅读提高到一个更高的水平。可以问自己以下问题（问题的顺序可自行决定）：

（待续）

（续表）

视角
参考框架、
角度、
方向、
世界观

目的
目标、
宗旨、
作用

焦点问题
难题、议题

信息
数据、事实、证据、
观察结果、
经验、原因

阐释与推论
结论、
方案

概念
理论、定义、
规则、原则、
模式

假设
预设、
公理、
公认的观点

影响与结果
依逻辑规律产生的
结果、后果

思维的要素

可使用附录"节选、文章、论文或章节的逻辑"模板

第四层级：评估
评估文本的逻辑

　　每篇文本的质量都不一样。我们采用认知标准来对其进行评估。这些标准包括清晰性、准确性、精确性、相关性、重要性、深刻性、宽广性、逻辑性以及公正性。一些作者坚持了某些标准，但同时却违反了其他标准。例如，有的作者可能清楚地说明了他／她的立场，但使用的信息不准确；有的作者可能使用了相关的信息，但未能充分考虑问题的复杂性（即深刻性不够）；有的作者的论点可能是合乎逻辑的，但缺乏重要性。因此，作为读者，我们需要灵活地评估作者的推理质量。而只有当我们能够准确地用自己的语言

（待续）

（续表）

表述作者的意思时，才能做到这一点。

我们可以通过以下问题对某作者的作品进行评估：

- 作者清晰地表达了自己的意思吗？还是文本有些含糊不清、令人迷惑？
- 作者的论据是否准确？
- 作者提供的相关细节和具体信息是否足够精确？
- 作者是否介绍了不相关的材料，导致其偏离了写作目的？
- 作者向我们展示话题内在的、重要的复杂性了吗？还是只是流于表面？
- 作者考虑其他相关视角了吗？还是太过局限于自己的视角？
- 文本内部一致吗？还是作者忽略了文本内部的矛盾？
- 文本具有重要意义吗？还是该话题无关紧要？
- 作者展示出公正性了吗？还是采用了片面的、狭窄的视角？

第五层级：角色扮演
用作者的口吻发表见解

在某种程度上，对作者进行角色扮演是对是否理解文本的终极检测。扮演角色时，本质上相当于说："看，我能读懂作者的思想，像作者本人一样发表观点。我可以采用作者的观点和你讨论任何关于文本的问题，并预测作者将如何回答这些问题。我会以单数第一人称讲话，就像一个扮演哈姆雷特的演员。我会努力做到完全地、真正地成为作者，以达到这个训练的目的。"

要对一个作者进行角色扮演，我们要找一个伙伴，他／她需要读过这篇文本，而且愿意问一些关键的问题。回答问题的需求将迫使我们以作者的逻辑思考问题。练习以作者的观点进行讨论可以有效地、切实地检验我们是否真正理解了文本的核心思想。

如果只有你自己读过文本，可以模拟写一个作者和提问者之间的对话，以此来理解作者的推理逻辑。

测评形式

一套完整的测评由五个相关的测试（测试卷一到五）组成。不论在什么情况下，都不需要一次性做完所有测试卷。例如，你可以先做针对思辨性阅读与写作第一、二层级的测试卷，之后再做针对第三、四、五层级的测试卷。在不同的情况下，可以采用不同的测试卷组合方式。

此外，本书中还有两个附加测试卷——测试卷一*和测试卷三*。测试卷一*重点考查对名言短句的释义，测试卷三*重点考查对某一领域或学科的逻辑分析。测试卷一*和测试卷三*的测评逻辑分别与测试卷一和测试卷三一致。

参考答案

针对测试卷一到四，我们提供了 12 份参考答案，每份测试卷对应 3 份参考答案。对测试卷一*和测试卷三*，我们同样提供了参考答案。建议教师在查看参考答案之前，自己先完整地做一遍试卷。不要把参考答案视为唯一正确的答案，它只是合理的答案。重要的是，教师和学生应该知道，有很多方式可以帮助准确地对文本进行释义、详尽地阐释文本的主题以及文本的内在逻辑。我们要测评的是学生理解句子、短语或文本核心内容的能力，理解作者逻辑的能力等。

在测评时，应为学生配备词典或同义词手册，教导他们在不知道如何用自己的话来表达既定的单词或短语时去查询。应告知学生不要着急完成测试，要给他们充足的时间，按照自己的节奏完成测试卷。鼓励学生仔细研读每个句子，直到他们认为自己已经尽可能精确地理解了其核心含义。要让学生明白思辨性阅读与写作需要时间和毅力。在测评时，与其给学生超出他们能力的多份测试卷，不如给他们充足的时间完成一两份测试卷。

建立自己的测评题库

读完本书的测试卷，你就会明白，它们可用于测评任何节选和学科。如果你用自己的文本，就需要自行制定参考答案。在任何学科或领域内，都可以选用不同的文本，重复使用测试题目。

评分说明

每份测试卷的评分区间为 0—10 分。下面的评分标准说明了应如何给学生的答案打分。教师可通过分别对每道题打分或对整张测试卷打分来得出总分。

评分标准	
0—2 分	很差（没有掌握任何技巧）。答案不准确，而且/或者不清楚。
3—4 分	较差（掌握了一点技巧）。虽然部分答案准确，表达基本清晰，但是整体还是不准确或者令人误解。
5—6 分	一般（掌握了初级技巧）。答案表达清晰，但是不够准确。部分正确，部分错误。
7—8 分	良好（较好地掌握了技巧）。答案表达清晰，问题很少。基本正确、清楚。存在少许理解错误。
9—10 分	优秀（很好地掌握了技巧）。答案准确、深刻，表述清楚、精确，而且用例恰当（如果需要举例的话）。

选择整体评分法还是单个评分法

可以参照评分标准对测试卷的每道题分别打分，或者对测试卷整体打分。如果对测试卷的每道题分别打分，在所有评分完成后，需要将单个分数加起来得出平均分，这就是该测试卷的最终成绩。例如，在对测试卷一※名言短句释义评分时，如果测试卷内有 8 道题，教师可以根据评分标准中的清晰性和准确性给这 8 道题分别评分。在评分完成后，将所有分数加起来，然后除以 8，得出整张测试卷的平均分。

为了确保评分的精确性，建议在使用整体评分法前先使用单个评分法。

为保证整体评分法的准确性，教师应遵循以下步骤：

1. 首先给测试卷内的所有答案一个整体分；
2. 然后对测试卷内的每道题分别评分；
3. 之后算出单个答案的平均分；
4. 最后把这个平均分与最初给的整体分进行比较。

只要教师能够保证整体评分法得出的分值与单个评分法所得的平均分相差不多，就可以一直使用整体评分法。

确保评分的可靠性

在评分之前，教师应该对批判性思维、思辨性阅读与写作的基本理论进行回顾。[4]为了确保学生的答案不被误判，只有那些对批判性思维有基本了解的人才可以对测试卷进行评分。为了确保评分的可靠性，应遵循以下原则：

- 进行评分之前，教师自己应先做一遍测试卷，然后把答案与参考答案进行比较。
- 对测试卷评分前，教师应对可能出现的答案达成一致意见。
- 达成一致后，所有参与评分的教师应首先评估几份学生完成的测试卷，然后比较各个教师给出的分数。
- 评分差异应控制在1分以内。也就是说，各教师给出的分数差应该在上下1分以内。至少应有3位教师共同评分，直到评分结果稳定在这个范围内。

参考答案在评分标准中的等级

虽然有些参考答案仍有改进的可能，但我们认为每个参考答案都达到了优秀的标准。

---

4 本书作者推荐阅读以下相关书目："思想者指南系列丛书"分册《什么是分析性思维》《如何进行思辨性阅读》《如何进行思辨性写作》；《批判性思维：学习最优秀思想家使用的思辨工具》（第二、三章）。

结果效度

如果使用恰当、评分准确，本书中的测评将达到较高的结果效度。换句话说，使用该测评可以使教师在教学中培养学生思辨性阅读与写作的能力。例如，学生要想在测试卷一 *取得好成绩，就必须准确地对所读内容进行释义。如果没有学到这些技巧，他们就无法做到这一点。他们需要对此进行练习。因此，教师需要指导学生如何准确地释义，而且让他们进行足够多的练习。同理，要想学生在测试卷一和测试卷二取得好成绩，教师需要指导他们在描述、阐释、例证、论证主题方面进行常规练习。另外，要想学生在测试卷三和测试卷四取得好成绩，教师需要教会他们如何分析和评估文本的逻辑推理，并且让他们进行充分练习。

换句话说，要想学生在测评中取得好成绩，教师需要设计对应的教学环节，这样学生才能在测评中有良好的表现。没有练习，学生就不能熟练地进行释义；没有练习，学生就不能熟练地总结文本主题；没有练习，学生就不能熟练地分析和评估文本的逻辑推理。相反，如果学生经常进行释义、总结、分析和评估练习，他们就获得了学好任何领域或学科的思维技能，也能在生活中的任何领域中有所思考。

简言之，使用本测评的目的是让学生学到作为受过教育的人在这个世界上生活所需要的一些重要技能。

在教学前或教学后使用该测评（或在教学前后都使用）

本测评的任何一部分都可用于教学前或教学后，以评估学生的技能提升情况，也可为研究收集数据。

测试卷

测试卷一 * ：名言释义

要求： 用自己的话陈述以下名人名言的含义。

被动接受罪恶之人与主动帮助犯罪之人同样可恶。

——马丁·路德·金

任何想把美国主义限定在一个简单模式下，限制在单一方式下的做法，都是对美国主义的真正含义的背叛。

——亨利·斯蒂尔·康马杰

在一个自由的社会，是否有暴力发生是衡量公共道德的唯一标准——无论是针对人身还是财产，但是人们的权利不包括"免于任何话语、行为方式、标识的烦扰"。

——理查德·森塞尔

自由就是这样的东西，不给予别人，你自己也无法得到。

——威廉·艾伦·怀特

我不明白人们为什么会害怕新观念。我反而害怕旧观念。

——约翰·凯奇

政府的合法权力最多也就是约束那些伤及别人的行为。

——托马斯·杰斐逊

宣传者的目的就是令一群人忘记另外一群人也是人。

——阿道司·赫胥黎

牧羊人总是想劝说绵羊相信，它们的利益和他自己的利益是一致的。

——司汤达

《独立宣言》

测试卷一：文本逐句释义

背景信息：以下段落选自 1776 年 7 月 4 日发表的《独立宣言》。要想理解这些段落，首先需要了解该宣言是大陆会议通过的政治宣言的一部分，宣告北美 13 个英属殖民地脱离大不列颠王国而独立。

在人类历史进程中，若一个民族必须解除其与另一民族的政治联系，在世界列强中承担起自然法则以及自然之神赋予他们的独立、平等之权利，出于对世人舆论的尊重，他们需要宣布促使他们独立之缘由。

全人类生而平等，创世主赋予了他们生命、自由、追求幸福等不可剥夺之权利，我们深信此乃不言而喻之真理。为保障此等权利，政府应运而生，并经被管辖者一致同意获得合理的权力。任何形式的政府一旦损害了这些目的，人民就有权利予以更换或废除，建立新的政府。新政府必须以最大限度保障人民的安全和幸福为原则组织其权力。谨慎起见，不能因为一些无关紧要的须臾小事就要更换一个已经成立多年的政府。因为所有的经验表明，如果痛苦能够忍受，人类不会愿意放弃他们久已习惯的形式。但是如果政府不断地滥用职权、巧取豪夺，为了实现对人民的欺压，将他们置于绝对专制暴政之下，那么人民就有权利、有义务推翻这种政府，为自己的未来寻求新的安全保障。

要求：如下所示，对上述文本分句进行释义。

在人类历史进程中，若一个民族必须解除其与另一民族的政治联系……

释义：_____

……在世界列强中承担起自然法则以及自然之神赋予他们的独立、平等之权利……

释义：_____

……出于对世人舆论的尊重，他们需要宣布促使他们独立之缘由。

释义：_____

全人类生而平等，创世主赋予了他们生命、自由、追求幸福等不可剥夺之权利，我们深信此乃不言而喻之真理。

释义：_____

为保障此等权利，政府应运而生，并经被管辖者一致同意获得合理的权力。

释义：_____

任何形式的政府一旦损害了这些目的，人民就有权利予以更换或废除……

释义：_____

……建立新的政府。新政府必须以最大限度保障人民的安全和幸福为原则组织其权力。

释义：_____

谨慎起见，不能因为一些无关紧要的须臾小事就要更换一个已经成立多年的政府。

释义：_____

因为所有的经验表明，如果痛苦能够忍受，人类不会愿意放弃他们久已习惯的形式。

释义：_____

但是如果政府不断地滥用职权、巧取豪夺，为了实现对人民的欺压，将他们置于绝对专制暴政之下，那么人民就有权利、有义务推翻这种政府，为自己的未来寻求新的安全保障。

释义：_____

《独立宣言》

测试卷二：文本主题阐释

要求： 读完《独立宣言》节选之后，完成以下四项任务：

1. 用自己的话来描述该文本的主题。
2. 阐释主题（"换句话说……"）。
3. 给出一个或多个例子来说明主题。
4. 使用比喻或类比来论证主题。

《独立宣言》

测试卷三：文本逻辑分析

（对八个基本要素的分析）

要求： 读完《独立宣言》节选之后，清楚、精确地说出：

1. 作者的写作目的。

2. 文本最重要的问题、难题或议题。

3. 文本最重要的信息或数据。

4. 文本最基本的结论。

5. 文本最基本的概念、理论或观点。

6. 文本最基本的假设。

7. 文本最重要的影响。

8. 作者的视角。

完整模版参见附录"节选、文章、论文或章节的逻辑"。

《独立宣言》

测试卷四：文本逻辑评估

要求： 根据认知标准的九个维度评估文本。

1. 作者清晰地表达了自己的意思吗？还是文本有些含糊不清、令人迷惑？

2. 作者的论据是否准确？

3. 作者提供的（相关）细节和具体信息是否足够精确？

4. 作者忠于写作目标吗？还是有所偏题从而引入了不相干的材料？

5. 作者向我们展示话题内在的、重要的复杂性了吗？还是只是流于表面？

6. 作者考虑其他相关视角了吗？还是太过局限于自己的视角？

7. 文本内部一致吗？还是作者忽略了文本内部的矛盾？

8. 文本所谈具有重要意义吗？还是该话题无关紧要？

9. 作者展示出公正性了吗？还是话题处理得不公正？

《独立宣言》

测试卷五：角色扮演

要求： 扮演《独立宣言》的主要作者托马斯·杰斐逊，模拟杰斐逊与提问者之间的对话，提问者就文本的多个地方向杰斐逊提问。

假设你就是杰斐逊，要回答提问者的问题。让提问者按照你提前准备好的问题发问，问题围绕《独立宣言》展开。你觉得杰斐逊会如何作答，就据此重新建构辞令，回答同样的问题。要保证你认为的"他的回答"的确可以在文本中找到隐含的依据。对话的开头已经给出，你需要继续补充下去。

提问者：杰斐逊先生，您为什么起草这份文件？

杰斐逊：我起草《独立宣言》的目的是为美洲大陆上的殖民地在政治上脱离大不列颠而辩护。我认为世界上所有人都有权利自由选择政府形式，这是基本的人权。

提问者：您认为在什么情况下人民有正当理由推翻他们的政府？

杰斐逊：

提问者：

杰斐逊：

……

《论公民的不服从》[5]

测试卷一：文本逐句释义

背景信息：以下节选自亨利·戴维·梭罗[6]1849 年所写的《论公民的不服从》（第 635 页、第 636—637 页、第 644 页）。梭罗是 19 世纪美国文化和文学思想界的重要人物。

　　我衷心地接受这句名言——"最好的政府是管得最少的政府"。我很愿意看到这句名言能够更加迅速、系统地得到实施。我也相信，实施后，其最终结果将是——"最好的政府是根本不治理的政府"。人们作好准备之后，这样的政府就是他们愿意接受的政府。政府至多是一种权宜之计，而实际上，大部分政府，有时甚至是所有的政府都不算是权宜之计。对设置常备军的反对意见很多、很强烈，而且理应占主导地位，这些反对意见最终可能转变为反对常设政府。常备军不过是常设政府的一支军队。同样，政府本身也只不过是人民选择行使其意志的一种形式，但有可能民意尚未执行，它就被人利用，甚至滥用了。

　　能否有这样一种政府，对于一件事情的对错，几乎不依靠大多数人决定，而是以道德为标准去评判？……难道公民必须要在某一时刻，或者最低限度地，放弃良心，任凭立法者摆布？那为什么每个人还要有良心？我认为我们首先要做人，然后才是臣民。培养人民像尊重正义一样去尊重法律是不可取的。我认为我有权利承担的唯一义务就是不论何时，只做我认为对的事情……如果不公正是政府机器必定要产生的摩擦，那么，随它吧，随它吧……如果为不公正专门配上弹簧、滑轮、绳子或曲柄，这时，你就要考虑这种解决方案是否比政府机器本身的邪恶更糟糕。但是，如果这意味着你要不公正地对待别人，我会说：那就不遵守法律好了。让你的生命成为反摩擦力，停止机器的运转。

5　文章有特殊的时代背景，观点存在一定的局限性，读者需要从当时的时代背景以批判性思维去理解。

——译者注

6　《瓦尔登湖及其他作品》，亨利·戴维·梭罗著（纽约：现代图书馆，1937 年）

要求： 如下所示，对上述文本分句进行释义。

我衷心地接受这句名言——"最好的政府是管得最少的政府"。我很愿意看到这句名言能够更加迅速、系统地得到实施。

释义：_____

我也相信，实施后，其最终结果将是——"最好的政府是根本不治理的政府"。

释义：_____

人们作好准备之后，这样的政府就是他们愿意接受的政府。

释义：_____

政府至多是一种权宜之计，而实际上，大部分政府，有时甚至是所有的政府都不算是权宜之计。

释义：_____

对设置常备军的反对意见很多、很强烈，而且理应占主导地位，这些反对意见最终可能转变为反对常设政府。常备军不过是常设政府的一支军队。同样，政府本身也只不过是人民选择行使其意志的一种形式，但有可能民意尚未执行，它就被人利用，甚至滥用了。

释义：_____

能否有这样一种政府，对于一件事情的对错，几乎不依靠大多数人决定，而是以道德为标准去评判？

释义：_____

……难道公民必须要在某一时刻，或者最低限度地，放弃良心，任凭立法者摆布？那为什么每个人还要有良心？我认为我们首先要做人，然后才是臣民。

释义：_____

培养人民像尊重正义一样去尊重法律是不可取的。我认为我有权利承担
的唯一义务就是不论何时，只做我认为对的事情……

释义：_____

如果不公正是政府机器必定要产生的摩擦，那么，随它吧，随它吧……
如果为不公正专门配上弹簧、滑轮、绳子或曲柄，这时，你就要考虑这
种解决方案是否比政府机器本身的邪恶更糟糕。

释义：_____

但是，如果这意味着你要不公正地对待别人，我会说：那就不遵守法律
好了。让你的生命成为反摩擦力，停止机器的运转。

释义：_____

《论公民的不服从》

测试卷二：文本主题阐释

要求： 读完《论公民的不服从》节选之后，完成以下四项任务：

1. 用自己的话来描述该文本的主题。

2. 阐释主题（"换句话说……"）。

3. 给出一个或多个例子来说明主题。

4. 使用比喻或类比来论证主题。

《论公民的不服从》

测试卷三：文本逻辑分析

（对八个基本要素的分析）

要求： 读完《论公民的不服从》节选之后，清楚、精确地说出：

1. 作者的写作目的。
2. 文本最重要的问题、难题或议题。
3. 文本最重要的信息或数据。
4. 文本最基本的结论。
5. 文本最基本的概念、理论或观点。
6. 文本最基本的假设。
7. 文本最重要的影响。
8. 作者的视角。

完整模版参见附录"节选、文章、论文或章节的逻辑"。

《论公民的不服从》

测试卷四：文本逻辑评估

要求： 根据认知标准的九个维度评估文本。

1. 作者清晰地表达了自己的意思吗？还是文本有些含糊不清、令人迷惑？

2. 作者的论据是否准确？

3. 作者提供的（相关）细节和具体信息是否足够精确？

4. 作者忠于写作目标吗？还是有所偏题从而引入了不相干的材料？

5. 作者向我们展示话题内在的、重要的复杂性了吗？还是只是流于表面？

6. 作者考虑其他相关视角了吗？还是太过局限于自己的视角？

7. 文本内部一致吗？还是作者忽略了文本内部的矛盾？

8. 文本所谈具有重要意义吗？还是该话题无关紧要？

9. 作者展示出公正性了吗？还是话题处理得不公正？

《论公民的不服从》

测试卷五：角色扮演

要求： 扮演文本的作者亨利·戴维·梭罗，模拟梭罗与提问者之间的对话，提问者就文本的多个地方向梭罗提问。

假设你就是梭罗，要回答提问者的问题。让提问者按照你提前准备好的问题发问，问题围绕文本展开。你觉得梭罗会如何作答，就据此重新建构辞令，回答同样的问题。要保证你认为的"他的回答"的确可以在文本中找到隐含的依据。对话的开头已经给出，你需要继续补充下去。

提问者： 请问您为什么写这个文本，您的目的是什么？

梭罗： 我的目的是说服人们相信政府通常是腐败的，即使不是一直腐败。换句话说，政府倾向于为自己服务，而不是服务于它们宣誓效忠的人民。

提问者： 关于政府，您认为人们应该采取什么行动？

梭罗： 首先而且最重要的是，人们需要忠于自己的信念并守护自己的信念。

提问者：

梭罗：

……

《爱的艺术》

测试卷一：文本逐句释义

背景信息：以下文本出自著名心理学家埃里希·弗洛姆[7]1956年所著的《爱的艺术》（第1—2页、第23—24页、第47页）。

爱是一门艺术吗？如果是，那么它需要知识和付出。或者爱是一种愉悦的感官享受，能否体验到它取决于机遇，如果幸运就会"掉进情网"？这本小书建立在前者的基础上，虽然毫无疑问，如今大多数人相信后者。

不是说人们认为爱不重要。人们渴望它。人们看了无数部或欢乐或悲伤的爱情电影，听了上百成千首蹩脚的爱情歌曲——然而，几乎没有人认为爱也是需要学习的。

这种特殊的态度建立在几个前提基础上，这些前提往往独立地或共同地支撑着这种态度。大多数人只是简单地把爱看成被爱的问题，而不是爱人以及爱的能力的问题。因此，他们的问题是如何被爱，如何变得可爱。在追求这个目标时，他们遵循以下几个路径。其一，取得成功，尽可能地取得与个人社会地位相称的权力和财富，男性通常采用这种方法。其二，通过梳妆打扮、修饰着装等方式提升自己的吸引力，女性通常采用这种方法。其他男女共用的提高吸引力的方法包括培养令人愉快的举止，有趣的谈吐，乐于助人、谦虚而不讨人厌的品质。许多使自己可爱的方法和使自己成功的方法一样，目的都是要"赢得朋友和影响他人"。事实上，我们文化中大多数人认为"可爱"的意思就是受人欢迎与性感两者的混合体。

爱的积极特点总是显而易见，这意味着所有形式的爱都有某些相同的基本元素。这些包括关爱、责任、尊重和理解……爱是对我们所爱之人的生活和成长积极的关怀……尊重是一种接受他人的本

---

7 《爱的艺术》，埃里希·弗洛姆著（纽约：哈珀与罗出版公司，1956年）

来面目，并欣赏其独特性的能力。尊重意味着关心他人，让他 / 她按照自己的方式成长和发展，因此，尊重意味着没有利用。我想要所爱的人为了自己并以自己的方式成长和发展，而不是为了要满足我的目的。如果我爱着另一个人，我会感觉和他 / 她是一体的，但他 / 她仍然保持"本我"，而不是变成我希望的样子以便为我所用。很明显，只有我足够独立，不必依赖拐杖站立和行走，不必支配和利用别人，才有可能尊重别人。只有在自由的基础上才会有尊重，正如一首古老的法国歌曲所唱的："爱是自由之子"（l'amour est l'enfant de la liberté），爱是自由的孩子，而不是支配的产物……爱一个人不仅仅是一种强烈的感情，它更是一项决定，一种表态，一个承诺。

要求： 如下所示，对上述文本分句进行释义。

爱是一门艺术吗？如果是，那么它需要知识和付出。

释义：_____

或者爱是一种愉悦的感官享受，能否体验到它取决于机遇，如果幸运就会"掉进情网"？

释义：_____

这本小书建立在前者的基础上，虽然毫无疑问，如今大多数人相信后者。

释义：_____

不是说人们认为爱不重要。人们渴望它。人们看了无数部或欢乐或悲伤的爱情电影，听了上百成千首蹩脚的爱情歌曲——然而，几乎没有人认为爱也是需要学习的。

释义：_____

这种特殊的态度建立在几个前提基础上，这些前提往往独立地或共同地支撑着这种态度。大多数人只是简单地把爱看成被爱的问题，而不是爱人以及爱的能力的问题。因此，他们的问题是如何被爱，如何变得可爱。

释义：

在追求这个目标时，他们遵循以下几个路径。其一，取得成功，尽可能地取得与个人社会地位相称的权力和财富，男性通常采用这种方法。其二，通过梳妆打扮、修饰着装等方式提升自己的吸引力，女性通常采用这种方法。

释义：

其他男女共用的提高吸引力的方法包括培养令人愉快的举止，有趣的谈吐，乐于助人、谦虚而不讨人厌的品质。许多使自己可爱的方法和使自己成功的方法一样，目的都是要"赢得朋友和影响他人"。事实上，我们文化中大多数人认为"可爱"的意思就是受人欢迎与性感两者的混合体。

释义：

爱的积极特点总是显而易见，这意味着所有形式的爱都有某些相同的基本元素。这些包括关爱、责任、尊重和理解……爱是对我们所爱之人的生活和成长积极的关怀……

释义：

尊重是一种接受他人的本来面目，并欣赏其独特性的能力。尊重意味着关心他人，让他/她按照自己的方式成长和发展，因此，尊重意味着没有利用。我想要所爱的人为了自己并以自己的方式成长和发展，而不是为了要满足我的目的。如果我爱着另一个人，我会感觉和他/她是一体的，但他/她仍然保持"本我"，而不是变成我希望的样子以便为我所用。

释义：

很明显，只有我足够独立，不必依赖拐杖站立和行走，不必支配和利用别人，才有可能尊重别人。只有在自由的基础上才会有尊重，正如一首古老的法国歌曲所唱的：“爱是自由之子”（l'amour est l'enfant de la liberté），爱是自由的孩子，而不是支配的产物……

释义：＿＿＿＿＿＿＿＿＿＿＿＿＿＿＿＿＿＿＿＿＿＿＿＿＿＿＿＿＿

爱一个人不仅仅是一种强烈的感情，它更是一项决定，一种表态，一个承诺。

释义：＿＿＿＿＿＿＿＿＿＿＿＿＿＿＿＿＿＿＿＿＿＿＿＿＿＿＿＿＿

《爱的艺术》

测试卷二：文本主题阐释

要求： 读完《爱的艺术》节选之后，完成以下四项任务：

1. 用自己的话来描述该文本的主题。

2. 阐释主题（"换句话说……"）。

3. 给出一个或多个例子来说明主题。

4. 使用比喻或类比来论证主题。

《爱的艺术》

测试卷三：文本逻辑分析

（对八个基本要素的分析）

要求： 读完《爱的艺术》节选之后，清楚、精确地说出：

1. 作者的写作目的。
2. 文本最重要的问题、难题或议题。
3. 文本最重要的信息或数据。
4. 文本最基本的结论。
5. 文本最基本的概念、理论或观点。
6. 文本最基本的假设。
7. 文本最重要的影响。
8. 作者的视角。

完整模版参见附录"节选、文章、论文或章节的逻辑"。

《爱的艺术》

测试卷四：文本逻辑评估

要求： 根据认知标准的九个维度评估文本。

1. 作者清晰地表达了自己的意思吗？还是文本有些含糊不清、令人迷惑？

2. 作者的论据是否准确？

3. 作者提供的（相关）细节和具体信息是否足够精确？

4. 作者忠于写作目标吗？还是有所偏题从而引入了不相干的材料？

5. 作者向我们展示话题内在的、重要的复杂性了吗？还是只是流于表面？

6. 作者考虑其他相关视角了吗？还是太过局限于自己的视角？

7. 文本内部一致吗？还是作者忽略了文本内部的矛盾？

8. 文本所谈具有重要意义吗？还是该话题无关紧要？

9. 作者展示出公正性了吗？还是话题处理得不公正？

《爱的艺术》

测试卷五：角色扮演

要求： 扮演文本的作者埃里希·弗洛姆，模拟弗洛姆与提问者之间的对话，提问者就文本的多个地方向弗洛姆提问。

假设你就是弗洛姆，要回答提问者的问题。让提问者按照你提前准备好的问题发问，问题围绕文本展开。你觉得弗洛姆会如何作答，就据此重新建构辞令，回答同样的问题。要保证你认为的"他的回答"的确可以在文本中找到隐含的依据。对话的开头已经给出，你需要继续补充下去。

提问者：弗洛姆先生，请您简要告诉我您对"爱"这个概念怎么理解？

弗洛姆：好的。爱的形式当然有很多种，但是一个人若希望有爱的能力、想要被爱，那就必须理解爱的本质。

提问者：什么是爱的本质？

弗洛姆：

提问者：

弗洛姆：

……

测试卷三 *：阐释任一科目或学科的逻辑

如果我们充分理解并内化了推理要素，就会意识到所有科目和学科都有一个内在的基础逻辑，这个逻辑是由其思维结构决定的。

面对某一具体科目或者学科时，要想了解其基本逻辑，需要回答以下问题（可以用教材、百科全书或其他可用的相关材料）：

1. 学习这一科目的主要目的或者目标是什么？人们希望在该领域获得什么？

2. 他们问些什么类型的问题？他们想要解决什么问题？

3. 他们收集了什么样的信息或者数据？他们如何以本领域特有的方式收集信息？

4. 他们通常作出哪些类型的推论或者判断（关于……的判断）？

5. 该领域最基本的观点、概念或者理论是什么？

6. 该领域的专业人士认为理所当然或者假设的内容是什么？

7. 学习这门学科将带来什么影响？如何将该领域的成果应用到日常生活中？

8. 研究该领域会如何影响我的世界观？该领域培养了什么视角？

参考答案

本部分提供了参考答案，可用于指导教师给学生评分。参考答案的评分说明参见第 12 页。

测试卷一 *：名言释义

被动接受罪恶之人与主动帮助犯罪之人同样可恶。

——马丁·路德·金

释义：看到有人做出伤害别人的事而不去制止（如果他们有能力制止），这样的人与那些主动伤害别人的人一样可恶。

任何想把美国主义限定在一个简单模式下，限制在单一方式下的做法，都是对美国主义的真正含义的背叛。

——亨利·斯蒂尔·康马杰

释义：不存在做一个美国人的唯一"正确方式"。如果每一个美国人都必须用同一种信念体系思考，如果人们因为独立思考而受到排挤或迫害，如果独立思考的人被称为"非美国人"，"真正美国人"的唯一合法定义就失效了。

在一个自由的社会，是否有暴力发生是衡量公共道德的唯一标准——无论是针对人身还是财产，但是人们的权利不包括"免于任何话语、行为方式、标识的烦扰"。

——理查德·森塞尔

释义：一个自由社会的道德情况取决于是否有针对个人或财产的暴力发生。但个人不能仅仅因对他人的生活方式感到厌恶，就说自己的权利受到了侵害并申请得到社会的保护。

自由就是这样的东西，不给予别人，你自己也无法得到。

———威廉·艾伦·怀特

释义：如果你希望自由，你需要允许别人自由。

我不明白人们为什么会害怕新观念。我反而害怕旧观念。

———约翰·凯奇

释义：很多通过多年时间渗透到人们思想中的观念是有害的或是危险的。老的观念不一定是好的观念，新的观念也不一定是坏的观念。

政府的合法权力最多也就是约束那些伤及别人的行为。

———托马斯·杰斐逊

释义：政府的合法权力仅在于它能够阻止人们相互伤害。

宣传者的目的就是令一群人忘记另外一群人也是人。

———阿道司·赫胥黎

释义：宣传攻势的目的是让一群人相信另外的群体不是人，因此不值得尊敬，也不值得公平对待。

牧羊人总是想劝说绵羊相信，它们的利益和他自己的利益是一致的。

———司汤达

释义：掌权的人总是想操控人们，让他们相信有益于那些掌权的人的事情也有益于他们。

《独立宣言》

测试卷一：文本逐句释义

在人类历史进程中，若一个民族必须解除其与另一民族的政治联系……

释义："政治"设置（政府形式）不一定是永久性的。有时候废除它们并重新设置是很重要的。这种情况下，这个民族必须从他们以前加入的群体中分离出去。

……在世界列强中承担起自然法则以及自然之神赋予他们的独立、平等之权利……

释义：没有哪个政府可以凌驾于任何其他政府之上，所有政府都应该具有相同的地位（"独立"而"平等"）。一个民族宣称自己独立于（以前相联系的）其他民族的行为是一种非常自然的行为，是建立在"自然法则"基础之上的。因此，这13个州依据自然法则有权利反抗并宣布自己"独立"于世界上其他国家并与之"平等"。

……出于对世人舆论的尊重，他们需要宣布促使他们独立之缘由。

释义：但是如果一个民族决定脱离另外一个民族，建立自己的国家，出于对世界上其他国家的尊重，他们应该列出导致他们作出该革命决议的理由。

全人类生而平等，创世主赋予了他们生命、自由、追求幸福等不可剥夺之权利，我们深信此乃不言而喻之真理。

释义：有一些真理显而易见，所有人只要仔细想想就能意识到这一点。这些真理包括：万物皆平等，所有人都应该享有同等的基本权利。这些权利包括：不被损害、伤害或杀害，享有最大限度的自由（思想自由、活动自由、社交选择自由、信仰自由），过想要的生活。

为保障此等权利，政府应运而生，并经被管辖者一致同意获得合理的权力。

释义：设立政府的主要目的是保障我们平等、生命、自由以及过想要的生活的权利。只有我们自愿给予，政府才能拥有权力，这些权力只能用于保护我们的权利。不应该是政府统治我们，而是我们统治政府。

任何形式的政府一旦损害了这些目的，人民就有权利予以更换或废除……

释义：不论何时，如果政府不能保护我们的权利（平等、生命、自由以及过想要的生活的权利），我们有权利变革该政府或者干脆终结它；因为不论任何政府，如果不能提高我们的生活质量，保障我们平等、自由以及过想要的生活的权利，人民就有权利反抗或者推翻它，这是我们与生俱来的权利。如果政府切实履行职责，我们应该会在生活中体验到最大限度的自由和最少的限制。在一个管理良好的国家，用到法律的情形应该会非常少。

……建立新的政府。新政府必须以最大限度保障人民的安全和幸福为原则组织其权力。

释义：如果我们真的推翻了一个无法保障人民权利的政府，就应该建立新的关心人民安全和幸福的政府。

谨慎起见，不能因为一些无关紧要的须臾小事就要更换一个已经成立多年的政府。

释义：如果我们务实、谨慎而且具有良好的判断能力，那么除非有影响很大且长期存在的原因，否则我们不会推翻政府。

因为所有的经验表明，如果痛苦能够忍受，人类不会愿意放弃他们久已习惯的形式。

释义：事实上，整个人类的历史已经表明，人民宁可忍受权利受到侵害也不愿意反抗这种侵害。

但是如果政府不断地滥用职权、巧取豪夺，为了实现对人民的欺压，将他们置于绝对专制暴政之下，那么人民就有权利、有义务推翻这种政府，为自己的未来寻求新的安全保障。

释义：如果政府长期对其民众的人权置之不理，这时候，人民有权利且有义务反抗政府，并建立一个维护人民自然权利的新政府。

《独立宣言》

测试卷二：文本主题阐释

主题描述

世界各国的人民，如果其人权遭到持续的、各方面的侵犯，就有权利反抗现有政府并建立新的政府。

主题阐释

被统治的人民周期性地受到压迫或剥削，人权受到侵犯。如果发生了这种情况，受压迫的人民有权利建立自己的国家和政府。

主题例证

这种情况在法国发生了，导致了法国革命；在美国，导致了美国革命；在俄国，导致了俄国革命。

主题论证

政治革命就像家庭离婚。离婚意味着家庭的一部分与另一部分分开，去过自己的生活；每个部分变成了一个独立的家庭，生活也是独立的。如果一个或几个人长期遭难，而且认为这种情况在现有的家庭结构中永远得不到改善，离婚就会发生，这点与革命一样。离婚有时也会涉及暴力，这点亦同政治革命。

《独立宣言》

测试卷三：文本逻辑分析

（对八个基本要素的分析）

1. 作者的写作目的：精确论证什么是人权以及什么是对人权的侵犯，为 1776 年北美殖民地人民对英国的政治反抗进行辩护。

2. 文本最重要的问题、难题或议题：有没有普遍人权？在什么情况下人民企图推翻政府是合理的？北美殖民地人民反抗英国的理由正当吗？

3. 文本最重要的信息或数据：支持"北美殖民地人民基本权利得不到保障，他们在现有政府统治下遭受欺压"这一观点的相关信息。

4. 文本最基本的结论：政府的中心职能是保护公民的普遍人权，让他们最大限度地过上自由的生活；如果政府不能保障其公民的权利，人民有权利推翻政府。

5. 文本最基本的概念、理论或观点：人权、革命、政府的角色与职责。

6. 文本最基本的假设：所有人应该享有同等的基本权利，所有政府对人民负有同等的基本责任，政府应该为人民服务而不是人民为政府服务。

7. 文本最重要的影响：为世界人民精确论证普遍人权树立了一个榜样，阐明了最重要的一项人权是革命的权利。

8. 作者的视角：认为所有人在人的价值和人权方面平等，同时认为所有政府有义务服务人民，而不是统治人民。

《独立宣言》

测试卷四：文本逻辑评估

1. **作者清晰地表达了自己的意思吗？还是文本有些含糊不清、令人迷惑？** 虽然鉴于时代关系，该文本的语言有些古远，但论证非常清晰。

2. **作者的论据是否准确？** 准确性标准可能更适合去衡量该文本后面提到的一系列具体的人民饱受摧残的事实。我们所读的这部分《独立宣言》论证的是理想，而不是事实。大多数政府官员会在理论上接受而在实践中违背这些理想。

3. **作者提供的（相关）细节和具体信息是否足够精确？** 与准确性标准一样，精确性标准更适用于衡量我们所读文本后面提到的一系列具体的人民饱受摧残的事实。

4. **作者忠于写作目标吗？还是有所偏题从而引入了不相干的材料？** 整篇文本紧扣中心思想，详细阐释了什么是人权以及什么是对人权的侵犯，以此为北美殖民地人民对英国的政治反抗进行辩护。

5. **作者向我们展示话题内在的、重要的复杂性了吗？还是只是流于表面？** 《独立宣言》以非常短的文本介绍了人类生活和历史中至关重要的概念和理想。当然，还有很多该话题内在的复杂内容没有提及。

6. **作者考虑其他相关视角了吗？还是太过局限于自己的视角？** 作为一个政治宣言，《独立宣言》捍卫人权，因而涉及面很广。同时，它抛弃了"在艰难残酷的世界中，权力统治一切"之倾向，这种倾向似乎会给部分——甚至是大多数——政客带来动力，并构成大多数政治现实的基础。

7. **文本内部一致吗？还是作者忽略了文本内部的矛盾？** 文本内部高度一致。同时，它有别于一百多年以来美国的外交政策。

8. **文本所谈具有重要意义吗？还是该话题无关紧要？** 该宣言是人类历史上最重要的文本之一。

9. **作者展示出公正性了吗？还是话题处理得不公正？** 因为《独立宣言》捍卫的是人类的基本权利，就其广泛影响来看，它具有公正性。

《论公民的不服从》

测试卷一：文本逐句释义

我衷心地接受这句名言——"最好的政府是管得最少的政府"。我很愿意看到这句名言能够更加迅速、系统地得到实施。

释义：最有效的政府形式是尽可能减少法规、条例和法律条文，这样，人们可以最大限度地自己作出决定，按他们认为合适的方式生活。美国政府尚未达到这个标准，而我，梭罗，希望政府更快、更系统地朝着这个理想前进。

我也相信，实施后，其最终结果将是——"最好的政府是根本不治理的政府"。

释义：理想形式的政府就是对人民不制定任何形式的法规和条例的政府。

人们作好准备之后，这样的政府就是他们愿意接受的政府。

释义：如果人民能够理性地生活——理所当然地尊重别人的权利和需求，透彻地考虑问题和议题并作出合理的决定，而且能够不需要外在约束——那么，他们可以要求政府不去干预他们自己选择生活的能力。

政府至多是一种权宜之计，而实际上，大部分政府，有时甚至是所有的政府都不算是权宜之计。

释义：政府，最多算是一种必要的恶——是一种短期有效的发明。但大多数政府通常都没什么用或者对人民没什么益处，所有政府都会在某些时候不能有效地服务于人民。

对设置常备军的反对意见很多、很强烈，而且理应占主导地位，这些反对意见最终可能转变为反对常设政府。常备军不过是常设政府的一支军队。同样，政府本身也只不过是人民选择行使其意志的一种形式，但有可能民意尚未执行，它就被人利用，甚至滥用了。

释义：现有政府固有的问题与国家内部的军队问题非常相似，而且这两类问题相互关联，因为固定的军队受到固定的政府的管理。政府成立时，人们期望它们成立的目的是实现人民的愿望。但是它们常常功能失调，不能完成最初的目标和计划，而且也常常被那些"有实权的人"利用，服务于统治者的利益而不是它们应该代表的人民的利益。常常是人们尚未有机会得益于政府所提倡的目的和目标时，这种事就发生了。换句话说，这个问题几乎是任何一个已经成立的政府都会面临的一个必然结果（历史上已经有这样的例子）。

能否有这样一种政府，对于一件事情的对错，几乎不依靠大多数人决定，而是以道德为标准去评判？

释义：有没有可能建立这样一个政府，人们可以根据自己的道德判断，自行决定对错，而不是由政府根据大多数人的想法来决定对错？

……难道公民必须要在某一时刻，或者最低限度地，放弃良心，任凭立法者摆布？那为什么每个人还要有良心？我认为我们首先要做人，然后才是臣民。

释义：不论在任何情况下，在任何时候，个体公民都不应该放弃他们认为道德上正确的事，不应该让立法者为他们作出决定。如果人们不愿意按照他们认为正确的标准生活，为什么要有能力来分辨对错呢？应该优先去做自己认为正确的事，而不是政府认为人们应该或者必须做的事。

培养人民像尊重正义一样去尊重法律是不可取的。我认为我有权利承担的唯一义务就是不论何时，只做我认为对的事情……

释义：人民应该形成尊重正义的风气，并理解什么是正义，而不是不加分辨地听从法律（有的时候可能不公正），这一点非常重要。人民真正应该做的事是他们认为正义的事，而不是法律所说的正义的事。（当然，前提是人民理解了道德，而且能把道德与文化规范和价值区别开来。）

如果不公正是政府机器必定要产生的摩擦，那么，随它吧，随它吧……如果为不公正专门配上弹簧、滑轮、绳子或曲柄，这时，你就要考虑这种解决方案是否比政府机器本身的邪恶更糟糕。

释义：不论体系内有多少举措来减少不公平，有些情形和状况对一些人天生就不公平。例如，有时候减少不公平反而会导致更不公平。如果这种情况是可能发生的，不要试图改变体系，就让它按照目前的状况运行好了。

但是，如果这意味着你要不公正地对待别人，我会说：那就不遵守法律好了。让你的生命成为反摩擦力，停止机器的运转。

释义：但是如果政府内的问题太大，遵守法律就意味着侵犯个人的基本人权，那么在道德层面就必须要违反法律。这种情况下，你应该竭尽所能反抗政府，阻止政府的不公正行为。

《论公民的不服从》

测试卷二：文本主题阐释

主题描述

所有的政府都有可能滥用职权——通过制定法律、作出决议来过度限制人民的自由。因此，无为而治的政府能最好地服务于人民。如果没有统一管理，人民也能很好地生活，那么他们会要求废除政府。此外，人们应该更多地按照良心而非法律行事。如果法律要求你对另外一个人采取不公正的行动，从道德上你有义务违反法律。

主题阐释

虽然人民选出民主政府执行人民意志，但是政府权力太容易而且常常会被用来维护某些既得利益而非人民的最佳利益。如果这种情况发生，人民的权利就会受到侵害。因此，最简化的政府形式最佳。但是只有当人民经过充分考虑，认为需要这样一个政府的时候，只有当他们能够理性生活，不需无谓管理的时候，他们才会要这样的政府。有些法律可以被视为一种必要的恶，因为改变这些法律会导致更多的不公正。但是如果改变一个完全不公正的法律的唯一办法就是拒绝遵守它，一个有良知的人就会这样做。人们应该甘愿牺牲自己来减少不公正的法律所带来的不公正。

主题例证

要想找一个政府不顾民意作决策的例子，我们可以想到美国—墨西哥战争。虽然民众投票不赞同该战争，但是政客及商人把它强加给民众，因为那些贪婪的政客、商人想要更多的土地、权力和利益。关于人们为了正义而违反法律的例子，我们可以想到19世纪美国的奴隶制问题。北方的奴隶解放以后，很多人帮助南方的奴隶逃往北方。虽然帮助南方农场的奴隶取得自由会让自己有入狱的危险（本质上他们违反了法律），他们还是愿意这样做，而不是遵守不公正的法律。

主题论证

政府滥用权力，服务于自己的利益而非人民的利益；官僚主义者制定条例以满足他们自己或者利益集团的需求，而非他们应该服务的人民的需要。在这一点上二者是相似的。

要想找一个通过违反法律来作出改变的例子，我们可以想想孩子们的同龄群体以及他们是如何对待"外来者"的。同龄群体经常会希望群体内所有人都接受一个不公正的行为。例如，孩子同龄群体的外来者常常成为被欺凌的对象，这时，欺凌就成为一个大家都接受的做法。群体内反对欺凌的人常常会受到群体的惩戒——例如，受到嘲弄或被逐出群体。然而，只有孩子决定反抗群体的权威时，他们的反抗才可以等同于梭罗所呼吁的道德行为。他们反抗同龄群体的权威，即使这可能意味着他们要饱尝苦果。

《论公民的不服从》

测试卷三：文本逻辑分析

（对八个基本要素的分析）

目的

该节选的目的是说服读者，使读者认识到：政府的责任是服务于人民，人民也需要让政府承担起这一责任，即使这意味着为了实现正义而不得不违反法律。

关键问题

1. 政府的首要职责是什么？

2. 在处理与人民有关的事务时，政府一般会怎么做？

3. 人民对政府应该如何行事？

4. 政府对人民应该如何行事？

5. 有没有可能建立一个以良心而不是以既得利益为指导思想的政府？

6. 人民如何尽可能地让政府切实承担起责任？

信息

作者推理使用的信息没有直接讲出来而是以暗示的形式出现（可能在本节选所选章节的其他部分有所陈述）。要想审视作者用于支撑其论证的信息，需要分析作者提供的信息。如果作者没有提供信息，则需要找到一些政府行为的例子，来分析该论证的推理是否合理（寻找政府的道德或不道德行为，公正或不公正做法）。要想确定某一特定政府运行中究竟是道德还是不道德，需要审视该政府决议或者行动的案例，以及政府的各项法律、政策、程序和行动在道德层面的影响。

该论证也使用了关于常备军存在与生俱来的问题的信息（假定读者已经知道该信息，或在完整文本中可以找到相关信息）。

推论（结论）

1. 最好的政府是给予其人民最大限度自由和权利的政府。

2. 理想的情况是没有政府——如果人民思想足够成熟，希望取消政府，就会是这个结果。

3. 一般情况下，大多数政府对人民无用、无益，所有政府都会在某些时候不能服务于人民。

4. 人民尚未从他们推选的政府中获益时，政府内部人员就可能开始滥用权力了（换句话说，几乎刚刚成立，政府就已经开始滥用权力了）。

5. 如果与拒绝守法相比，遵守法律会导致更大的不公正，人民有道德上的义务违反法律。

6. 在任何既定情况下，人民的主要义务就是做道德上正确的事。

7. 如果可以依法争取到正义，从而避免因废除法律导致的非正义，这时候人民就要依照法律办事。

概念

本节选中的核心概念是公民的不服从，指的是与纠正法律相比，如果执行法律将带来更多不公正，人们就有道德义务反对该法律。其他关键概念包括：道德义务（等同于良心），政府（人民选择执行其意志的方式），按照法律行事和按照道德行事之间的区别（法律对道德）。

假设

1. 如果有足够多的人通过违反法律来阻止不公正，这会迫使政府考虑重新制定法律。

2. 那些深知什么是道德并在实际情况下按照道义原则行事的人，不需要受到管制（而且有权利不受管制）。

3. 在历史上的今天（作者写这篇文章的那一天），人们不能完全明白道德的含义，因而需要政府。

4. 理论上来说，人民有能力理解道德并过上符合道德标准的生活。

5. 任何一个政府，也可以说所有政府，在某种程度上都是天生不道德的。

6. 阅读节选的人已经对常备军与生俱来的问题有所了解（并且能够把这个背景知识运用于理解政府的问题）。

7. 在实际情况中，人们有权利去做他们认为道德上正确的事。

8. 人们应该为了他人的正义而作出牺牲（他们在道德上也有责任这么做）。

9. 最终人民会因为善于依据道德行事而不需要受到管制。

影响

如果人民接受这一推理思路，不管是部分还是全部接受，那就有可能出现以下影响：

1. 人民构想的政府与如今大多数人构想的政府有很大不同——政府有责任服务于人民，把服务人民的需要和意愿置于任何其他目标之上。

2. 人民将在分析和评估法律方面承担更多的责任，以确定这些法律是否公正地（或者不公正地）对待人民。

3. 如果人民发现有的法律不公正，或者某些法律会导致不公正，他们可以挑战法律，或者拒绝遵守法律。

4. 人民认为政府不会关心他们最切身的利益。

如果人民不接受这一推理思路，他们可能就无法了解政府最常见的问题以及常见的滥用权力。

视角

该节选认为政府在道义上有责任服务于人民的利益，但是常常（公然或暗里）引起不公正。

该节选认为人民有责任挑战不公正的法律。

《论公民的不服从》

测试卷四：文本逻辑评估

1. **作者清晰地表达了自己的意思吗？还是文本有些含糊不清、令人迷惑？** 文本非常清晰。读者根据文本可以准确地理解作者的意思。

2. **作者的论据是否准确？** 准确性标准可能更适合梭罗提供的例子，准确地支撑了他的结论：政府经常违背人民的需求和意愿做事。这些例子分布在书中各处，本节选即是其中一处。不过，任何一个了解相关信息的人都可以很容易地找出一些例子来支持梭罗的论断，他的主要结论很显然是准确的。

3. **作者提供的（相关）细节和具体信息是否足够精确？** 与准确性标准一样，对于梭罗的论断，即政府常常违背道德行事，也可以找到一系列符合精确性标准的例子。

4. **作者忠于写作目标吗？还是有所偏题从而引入了不相干的材料？** 所有文本内容与中心目的高度相关，即说服人民，让他们意识到政府有义务服务于人民，人民有义务让政府对其不道德行为负责。

5. **作者向我们展示话题内在的、重要的复杂性了吗？还是只是流于表面？** 在这个非常短的文本中，作者做得非常好，帮助读者开始看到大多数政府机构以及政府制定的法律天然存在的问题。然而，读者需要进一步阅读文本才能了解梭罗如何劝导人民去"违反法律"，也就是说，如果人民为了改变司法体系而违法，到底有多大的现实性和可行性。读者需要思考违反法律是否会导致司法的变革或者可以引起多大程度的变革，尤其是在惩罚可能会非常严厉的情况下，劝说人们违反法律是否合理。

6. **作者考虑其他相关视角了吗？还是太过局限于自己的视角？** 作为政论者，梭罗看到的东西非常多。很明显，他关心的是建立一个更加公正的社会，为此呼吁读者竭尽所能减少文化内的不公正现象。他关心社会内所有人的权利和需求，因此，这是宽广视角的明显证明。

7. **文本内部一致吗？还是作者忽略了文本内部的矛盾？** 梭罗提出了两个论点：政府由于其本性容易出现不道德的情况，人民有责任尽其所能迫使政府道德行事。这两者相互一致。

8. **文本所谈具有重要意义吗？还是该话题无关紧要？** 此文本被视作人类历史上最重要的文本之一。政府不公是一个重要的话题。梭罗在更严肃的层次上讨论这一话题，尤其是呼吁人们通过违反法律带来更多的正义。事实上，很少有人愿意为了给那些陷于不公正系统里的人民带来正义而违反任何法律。与梭罗不同的是，人们往往要么一点都不思考这个问题，要么即使思考了也是流于表面，不够勇敢。

9. **作者展示出公正性了吗？还是话题处理得不公正？**
   （答案略）

《爱的艺术》

测试卷一：文本逐句释义

爱是一门艺术吗？如果是，那么它需要知识和付出。

释义：如果爱是一门艺术，那么我们要对其所需的技巧和能力有深入的了解，并有动力将其付诸实践。

或者爱是一种愉悦的感官享受，能否体验到它取决于机遇，如果幸运就会"掉进情网"？

释义：或者严格来说爱可能只是一种令人享受的身体感觉，不是需要技巧的东西，而是一种偶然发生的事件或巧合。

这本小书建立在前者的基础上，虽然毫无疑问，如今大多数人相信后者。

释义：《爱的艺术》认为，爱需要技巧和领悟，必须通过学习才能掌握。爱也需要遵守承诺，这是本书的基本观点。但是大多数人并不这样看待爱。他们认为爱的发生纯粹靠运气。

不是说人们认为爱不重要。人们渴望它。人们看了无数部或欢乐或悲伤的爱情电影，听了上百成千首蹩脚的爱情歌曲——然而，几乎没有人认为爱也是需要学习的。

释义：大多数人至少在某些程度上是珍视爱的，事实上，人们渴望爱。我们之所以确信这一点，是因为人们会观看无数关于爱的电影，听无数关于爱的低俗歌曲。然而，几乎没有人认为爱是一种能力，是必须要通过学习才会的东西。

这种特殊的态度建立在几个前提基础上，这些前提往往独立地或共同地支撑着这种态度。大多数人只是简单地把爱看成被爱的问题，而不是爱人以及爱的能力的问题。因此，他们的问题是如何被爱，如何变得可爱。

释义：人们对爱的这种错误认知是建立在他们持有的一种或几种观念之

上的。人们主要把爱看作是想办法从别人那里得到爱，而不是把爱给予别人。因此他们把精力放在如何让自己被他人喜欢这件事情上。他们力图表现得有趣、迷人或者可爱，以此来吸引倾慕者。

在追求这个目标时，他们遵循以下几个路径。其一，取得成功，尽可能地取得与个人社会地位相称的权力和财富，男性通常采用这种方法。其二，通过梳妆打扮、修饰着装等方式提升自己的吸引力，女性通常采用这种方法。

释义：为了达到"可爱"的目标，男性倾向于使用不同于女性的策略。他们努力获得身份地位，一般来说，就是尽可能地有权和有钱。女性则倾向于强调通过打扮、修饰着装之类，提高外在对异性的吸引力。

其他男女共用的提高吸引力的方法包括培养令人愉快的举止，有趣的谈吐，乐于助人、谦虚而不讨人厌的品质。许多使自己可爱的方法和使自己成功的方法一样，目的都是要"赢得朋友和影响他人"。事实上，我们文化中大多数人认为"可爱"的意思就是受人欢迎与性感两者的混合体。

释义：无论男性还是女性，他们都努力养成迷人的举止和谈话风格，从而使自己对异性有吸引力，使自己"可爱"。他们试着表现出善于合作、支持别人、不矫揉造作、不令人生厌的样子。这些策略也同样适用于让别人觉得他们很成功、交朋友以及赢得信任等目的。对大多数人来说，可爱就等同于性感以及受人喜欢。

爱的积极特点总是显而易见，这意味着所有形式的爱都有某些相同的基本元素。这些包括关爱、责任、尊重和理解……爱是对我们所爱之人的生活和成长积极的关怀……

释义：任何一种真爱都会有一些基本的组成部分，包括考虑周到、可靠、体贴以及理解。如果我们爱某人，我们会寻求他们的最大利益，会关心发生在他们身上的事情。

尊重是一种接受他人的本来面目，并欣赏其独特性的能力。尊重意味着关心他人，让他／她按照自己的方式成长和发展，因此，尊重意味着没有利用。我想要所爱的人为了自己并以自己的方式成长和发展，而不是为了要满足我的目的。如果我爱着另一个人，我会感觉和他／她是一体的，但他／她仍然保持"本我"，而不是变成我希望的样子以便为我所用。

释义：如果尊重别人，则不需要把他们理想化。我们应该看到他们本来的样子，把他们视作有鲜明特点的人；应该希望他们长成自己想要的样子，成为想要成为的人，而不能把他们当成利用对象以实现我们的私利。如果我们真正爱着别人，我们会感到自己与具有独特品质的、真实的他们紧紧联结在一起。

很明显，只有我足够独立，不必依赖拐杖站立和行走，不必支配和利用别人，才有可能尊重别人。只有在自由的基础上才会有尊重，正如一首古老的法国歌曲所唱的："爱是自由之子"（l'amour est l'enfant de la liberté），爱是自由的孩子，而不是支配的产物……

释义：只有当我自己能独立自主，能靠自己的双脚站立，没有必要去依赖别人的支撑，没有必要利用、操控别人为自己服务时，我才能尊重另外一个人。只有让别人做他们想做的，而不是违背自己的意愿被迫过某种生活，才算是真正的尊重。

爱一个人不仅仅是一种强烈的感情，它更是一项决定，一种表态，一个承诺。

释义：爱不仅仅是一种感情，它更是一种选择，一份决心，一个承允和许诺。

《爱的艺术》

测试卷二：文本主题阐释

主题描述

爱他人是一门艺术。这需要知识、技巧和洞察力。真爱不会凭空发生。它需要通过作出深层承诺来培养。这种理解爱的角度不同于大多数人的观点。

主题阐释

我们要改变思考爱的方式，抛掉"爱是神秘的、难以掌控的"这种印象，而把它视作一种可以给予别人以增加其幸福感的力量。当一个人脆弱时，总想要别人的扶助、保护和照顾。但脆弱并不是给予爱的坚实基础。如果我们真爱别人，应该希望他们自己去发展和成长，而不是利用他们服务自己。

主题例证

在很多好莱坞电影和肥皂剧中，爱与激动的、失控的指责以及残忍的行为联系在一起，接下来的往往是道歉以及身体的亲密接触。羡慕、嫉妒、试图控制别人都是大众所熟悉的恋爱中人的形象。真正的爱是对他人幸福的一种长期承诺，并不会有这么多精彩的戏剧情节。这种真爱的刻画很少在好莱坞电影中有所体现。

主题论证

带有缺陷性质的爱就像令人窒息的藤蔓，把自己裹缠到植物上，最终杀死它。藤蔓掌控了植物，要求植物接受它的统治。但是真正的爱既不高高在上也不卑躬屈膝。真正的爱只在两个相对平等的人之间存在，就像肩并肩生长的两株植物，分享同样的阳光和土壤营养，给予对方空间以成长为有自己特色的个体。

《爱的艺术》

测试卷三：文本逻辑分析

（对八个基本要素的分析）

目的

该文本的目的是探索"爱"的含义，把它与关爱、责任、尊重和理解等相关概念相联系；同时说服读者接受以下观点：从根本上来说，"爱"的概念意义深远，需要长久的奉献和责任（而不能像社会上常见的那样草率地对待）。

关键问题

该文本的主要问题是：爱是什么？它对一个人有什么要求？大多数人是如何看待爱的？

信息

该文本的关键信息是文中的举例，这些例子用于表述大多数人看待爱的方式，例如以下信息：

1. 人们"看了无数部或欢乐或悲伤的爱情电影"。
2. 人们"听了上百成千首蹩脚的爱情歌曲"。
3. 男性通常让自己看起来拥有"与个人社会地位相称的权力和财富"。
4. 而女性则"通过梳妆打扮、修饰着装等方式提升自己的吸引力"。
5. 男女都喜欢采用的方式是通过让自己变得"乐于助人、谦虚而不讨人厌"来培养"令人愉快的举止，有趣的谈吐"。

关键结论

文本中有几个关键结论，包括：

1. 爱是一门"艺术"，需要对自己所爱的人作出奉献和深切关怀。它不仅仅是一种强烈的情感，而是"一项决定，一种表态，一个承诺"。
2. 我们文化中的大多数人对爱持有一种扭曲的观点。他们认为

"'可爱'的意思就是受人欢迎与性感两者的混合体"。

3. 如果你爱某人，你希望"所爱的人为了自己并以自己的方式成长和发展，而不是为了要满足我的目的"。

关键概念

文本中的关键概念是爱的概念，根据弗洛姆的观点，爱需要："关爱、责任、尊重和理解……爱是对我们所爱之人的生活和成长积极的关怀……它更是一项决定，一种表态，一个承诺。"

假设

以下观点是弗洛姆在写作时认为理所当然的观点：

1. 能够深刻理解爱的人很少，人们没有认真思考爱到底是什么。

2. 只有理解了爱的含义，才能真正地爱别人。

3. 人类会本能地寻找爱，但是由于社会对爱的理解出现了偏差，大多数人无法真正去爱，也无法得到真爱。

4. 人们一般认为爱就意味着有人为他们做事——有人会满足他们的需求和欲望。

5. 要想深刻理解任何概念，我们必须从深层次分析该概念，并且把它应用到很多可能的情况中（就像弗洛姆对爱这个概念所做的那样）。

6. 大多数人在其自认为是爱的感情关系中并不开心，因为这样的感情关系经常是空虚、浅薄的，令人失望。

7. 如果对某人没有深层次了解，就无法去爱他 / 她。

影响

如果大家接受作者的分析，他们就会重新考虑他们看待爱的方式。他们会意识到我们文化中对爱的理解过于肤浅，同时也会反思自己的感情关系，评估自己的感情关系与弗洛姆定义的爱的差距，或者评估他们的感情关系是否浅薄、扭曲或者不正常。他们会开始把爱视作一件需要奉献与尊重、责任与关爱的事，这样他们的情感关系可能会更加美好和健康。

如果人们不能接受这样的分析，他们与另一半发展关系时，很有可能对爱的理解会出现偏差。他们不是通过深刻的理解，而是通过肤浅的方式来寻找"爱"，他们的感情关系很有可能差强人意，可能会导致负面后果，或者产生受挫感或消极感，并且这种感受无处不在。他们的一生可能都会在这种关系中度过。

视角

　　作者把爱视作一个深奥的概念，一个需要尊重、关爱、责任和理解的过程，一个必须要为之努力、持续付出的东西。作者认为自己文化中的人对爱持有扭曲、不当且肤浅的观点，这种普遍的观念造成了人们的不幸以及真爱难以实现。

《爱的艺术》

测试卷四：文本逻辑评估

1. **作者清晰地表达了自己的意思吗？还是文本有些含糊不清、令人迷惑？** 文本非常清晰。读者根据文本可以准确地理解作者的意思。

2. **作者的论据是否准确？** 作者提供了一系列直观的例子来支持他的结论，即人们常常对爱的理解肤浅不当。根据我们的日常感受，这些例子看上去很合理。

3. **作者提供的（相关）细节和具体信息是否足够精确？** 是的，弗洛姆在例证和推理中提供了很多细节，使得他为之辩护的观点非常清晰。

4. **作者忠于写作目标吗？还是有所偏题从而引入了不相干的材料？** 文本的全部内容与中心思想高度相关，即帮助人们理解爱这一深刻且重要的概念。

5. **作者向我们展示话题内在的、重要的复杂性了吗？还是只是流于表面？** 弗洛姆详细阐释的爱的概念具有深远意义。事实上，他的一个主要论点就是只有经过深入的思考，读者才能理解什么是真爱。通过相关的直观例子，作者帮助读者理解爱的复杂性以及深刻理解该概念的重要性。

6. **作者考虑其他相关视角了吗？还是太过局限于自己的视角？** 弗洛姆关注的是把日常对爱的观点与深刻的观点进行对比，让读者明白，如果我们说我们真爱某人，其蕴含之意是什么。弗洛姆没有试图去考虑和分析其他可能存在的关于爱的不同观点。考虑到他的目的，他的推理并不狭隘。

7. **文本内部一致吗？还是作者忽略了文本内部的矛盾？** 从所节选的文本中，弗洛姆关于爱的概念没有不一致的地方。关爱、尊重、责任和理解——他认为这些是爱这一概念的核心组成部分，并且这些组成部分相互联系。在此文本中，他开始详细阐释它们之间的关系。

8. **文本所谈具有重要意义吗？还是该话题无关紧要？** 此文本节选自

《爱的艺术》，这本半个世纪前出版的书，仍被视作是关于爱的概念最重要和最权威的文本之一。在本文中，作者再一次试图说服读者，爱的概念本身就非常有深度而非肤浅、无关紧要，如果不重视，注定会引发人际关系的一系列问题。

9. 作者展示出公正性了吗？还是话题处理得不公正？弗洛姆的目标限定得很清晰，也很集中，即把日常生活中的爱与理想的爱进行比较。对弗洛姆而言，这种"理想"暗示了爱是一种艺术。如何以其他方式看待爱不在他的考虑范围之内，因此，（相对于其他观点）本部分内容似乎与"公正"不相关。如果问及此事，弗洛姆很可能会承认自己没有提供关于爱的其他不同视角。另一方面，那些对爱持有不同观点的人则一定会争辩说他应该考虑爱的其他定义。

测试卷三 *：阐释任一科目或学科的逻辑

生态学的逻辑

对任何一本生态学教材的第三层级阅读都应该呈现如下逻辑：

生态学家的目标：生态学家寻求了解存在于自然界中的植物和动物，重点关注它们之间的关联、相互依存的关系以及它们与环境的相互作用。他们的任务是了解某种植物或动物出现和演变的所有影响因素，以解释其存在以及其栖息地的特殊性。

生态学家提出的问题：植物和动物如何相互作用？动物之间如何相互作用？植物和动物如何相互依赖？不同生态系统内部如何运作？它们如何与其他生态系统相互作用？植物和动物如何受环境影响？植物和动物是怎样生长、发展、死亡和更迭的？植物和动物如何创造彼此之间的平衡？如果植物和动物不平衡会发生什么？

生态学家使用的信息：生态学家使用的主要信息来源于对动植物本身、动植物之间的相互作用以及它们如何在环境中生存的观察。生态学家关注动植物如何产生、如何繁殖、如何死亡、如何进化以及如何受环境变化的影响。他们也使用其他学科的信息，包括化学、气象学和地质学。

生态学家作出的判断：生态学家就自然生态系统如何运作、系统内动植物如何运作以及为什么如此运作作出判断。他们对生态系统如何失衡以及如何使它们恢复平衡作出判断。他们就如何对自然群落进行分组和分类作出判断。

引导生态学家思考的概念：生态学中最基本的概念是生态系统，它指的是一群彼此依赖、生活在特定栖息地的生物。生态学家研究不同的生态系统如何运转。生态学的另一个重要概念是生态演替，即当自然过程不受干扰时，每个生态系统变化的自然规律。这个规律包括自然群落的形成、发展、衰亡以及更迭。生态学家将这些群落划分成较大的单元，称为生物群落，并根据区域物理特征，包括温度、降雨量和植被类型等，在世界各地进行区域分类。另一个生态学的基本概念是自然平衡，指的是生育、繁衍、吃与被吃，动植物群落因此得以保持稳定。其他关键概念包括失衡、能量、营养物质、种群增长、多样性、栖息地、竞争、捕食、寄生、适应、协同进化、演替、顶级群落和保护。

生态学家的主要假设：动物／植物群落存在规律；应该研究这些群落并予以分类；动植物常常相互依赖并相互影响；生态系统必须保持平衡。

生态学的影响：生态学研究对地球上的生命有多重启发意义。例如，通过研究自然平衡，我们可以看到大自然在当前的人口爆炸中失去了平衡，并开始扭转这个问题。我们可以知道，原本用来杀死农作物害虫的农药，也会直接或间接地通过食物链伤害哺乳动物和鸟类。我们也了解到，过度种植会引起土壤流失和养分流失。

生态学家的视角：生态学家观察动植物，认为它们在其栖息地内相互作用。若要实现地球的健康和可持续发展，就要保持它们的平衡。

测试卷三 *：阐释任一科目或学科的逻辑

经济学的逻辑

对任何一本经济学教材的第三层级阅读都应该呈现如下逻辑：

经济学家的目标：提出解释社会中的商品和服务是如何分配的理论，以及明确这些商品和服务应该如何分配的理论。

经济学家提出的问题：在任何一个社会中，商品和服务的生产、分配和消费实际上以什么方式进行？又应该以什么方式进行？决定人们如何获取它们的最佳方式是什么？应该如何允许人们获得这些（比如，如果主要为了个人利益，应该在多大程度上鼓励人们去获得财富和权力）？另一方面，社会应该在多大程度上尽力提供平等获得教育、财富和权力的机会？竞争经济学理论的优缺点都有哪些？

经济学家使用的信息：对于分析经济问题时使用什么样的信息，不同学派的经济学家持不同意见。例如，那些倾向于资本主义的经济学家关注商品供需、消费者偏好、消费性开支、企业投资、政府对企业的支持。在解决经济问题时，他们关注的信息往往与如何提高总需求有关。那些倾向于社会主义的经济学家则更关注财富分配如何影响个人生活，尤其是贫困和弱势群体的生活。考虑到如何鼓励人们不仅为自己也为他人的幸福作贡献这一关键问题，这些经济学家的理想是均分财富，这样人们就可以尽可能平均地享有资源。所以，经济学家最终使用哪些信息，取决于他们理想的经济体系是什么，以及指导他们思想的经济理论。

经济学家的判断：经济学家就如何以最佳方式稳定并巩固资源的分配、生产及使用作出判断。他们遵照自己的经济思想作出判断，同时考虑个体经济、政府开支、经济健康状况和财富分配所呈现的趋势和规律。

引导经济学家思考的概念：经济学是研究人类社会中商品、服务以及资源是／应该如何分配和使用的学科。很多重要的经济学概念得到了发展，尤其是在过去的两百年中，例如：竞争原则、供需规律、实用主义、资本主义、社会主义、共产主义、马克思主义、剥削、不同经济阶层（尤其是工人与雇主）间的冲突、私人财产、自由市场、个人利益、影响经济行为的心理变量、稀缺假设、边际效益递减规律、边际效用与生产力原则、总需求、劳动价值理论、马尔萨斯人口论以及凯恩斯经济学。

经济学家的主要假设：经济学家的共同假设是，对于需要从经济体系内获取资源以谋求生存的人来说，资源配置方式和途径的研究有助于建立更为稳定和公平的经济体系。除此以外，经济学家的其他假设则因其思想体系、价值和理论差异而有所不同。那些倾向于资本主义的经济学家认为人类本质上是自私的，因此只有利用人类的自私作为驱动力的体系才比较现实。相比之下，倾向社会主义的经济学家认为可以通过教育把人类活动的重心从利己转移到利他。

经济学的影响：经济学理论造成的影响因理论而异，人们对于理论的哪些影响会产生实际的后果一直争论不休。争议的焦点在于哪些实际后果归因于这个或者那个经济理论，而哪些后果（无论好坏）是某一既定理论所未描述的变量引起的。例如，20 世纪 30 年代的美国大萧条到底是由资本主义理论的重大缺陷引起的，还是由没能彻底执行该理论引起的？

经济学家的视角：经济学家系统研究资源在社会中的配置以及资源配置所包含的权力分配，这也是系统研究的关键目标。

附 录

节选、文章、论文或章节的逻辑

　　理解节选、文章、论文或章节的一个重要方法是分析作者的相关推理部分。这时，你可以使用认知标准评估作者的推理。以下是一个可以遵循的模板：

1）这篇文章的主要目的是 _____。（这里你力图尽可能准确地陈述作者的意图。作者想要达到什么目标？）

2）作者要讨论的关键问题是 _____。（你的目标是找出作者在写该文章时心中所想的关键问题。文章中提到的关键问题是什么？）

3）这篇文章最重要的信息是 _____。（你要识别作者用以支撑其主要论点或用作论点的前提条件的关键信息，寻找作者用来支持他／她的结论的事实、经验和／或数据。）

4）这篇文章的主要推论是 _____。（你要确定作者得出的最重要的文章结论。）

5）在这篇文章中我们需要理解的关键概念是 _____。通过提出这些概念，作者想要表达的意思是 _____。（要找出这些信息，问问自己：要想了解作者的推理过程，需要了解作者哪些最重要的想法？然后简要阐述作者的这些想法。）

6）作者推理的主要假设（可能不止一个）是 _____。［问问自己：作者认为什么是理所当然的（而实际上可能会受到质疑的）？这些假设作为一般结论出现，作者认为他／她不必在文章的上下文中为之辩护，这些假设通常是不成文的。这也是作者逻辑思考的开始。］

7a）如果我们认真对待这种推理，其影响是 _____。（如果人们认真对待了作者的推理，会有什么样的结果？这里要去追踪作者立场的逻辑后果，应该包括作者表述出来的以及没有表述出来的影响。）

7b）如果我们未能认真对待这种推理，其影响是 _____。（如果人们忽视了作者的推理，可能会带来什么后果？）

8）本文的主要视角是 ＿＿＿＿＿。（你试图回答的主要问题是：作者在思考什么，他／她是怎么看待的？例如，在本册指南中，我们着眼于"分析"，认为它指的是"需要我们理解"并在思考问题、议题以及课题时经常运用推理要素。）

如果你真正了解了一篇节选、文章、论文或章节相互关联的这些结构，你就应该能够感同身受地以作者角色进行思考。以上所述是所有推理都包含的八个基本要素。它们是思维的基本要素。